AF188003

Impressum
Verlag: BABADADA GmbH, Nedderfeld 112 , 22529 Hamburg
Geschäftsführer / Verlagsleitung: Harald Hof
Druck: Books on Demand GmbH, In de Tarpen 42, 22848 Norderstedt

Imprint
Publisher: BABADADA GmbH, Nedderfeld 112 , 22529 Hamburg, Germany
Managing Director / Publishing direction: Harald Hof
Print: Books on Demand GmbH, In de Tarpen 42, 22848 Norderstedt

skole

el colegio

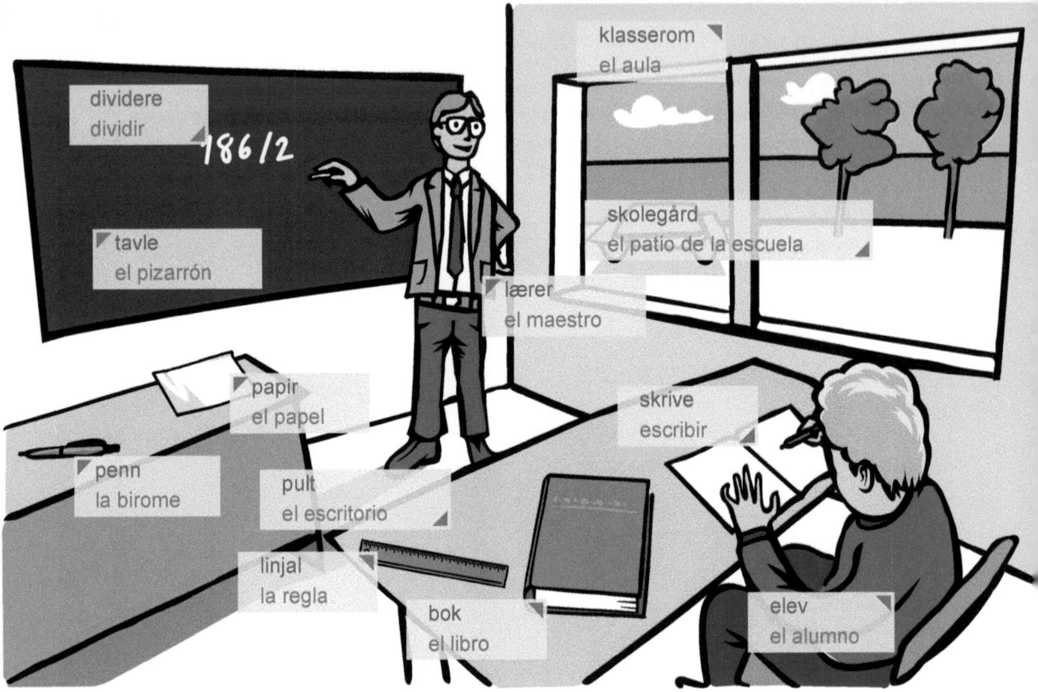
klasserom
el aula
dividere
dividir
186/2
tavle
el pizarrón
skolegård
el patio de la escuela
lærer
el maestro
papir
el papel
skrive
escribir
penn
la birome
pult
el escritorio
linjal
la regla
bok
el libro
elev
el alumno

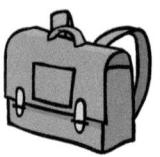

ransel

la mochila

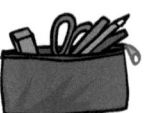

penal

la caja de lápices

blyant

el lápiz

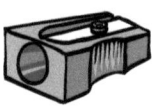

blyantspisser

el sacapuntas

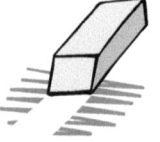

viskelær

la goma (de borrar)

tegneblokk

el bloc de dibujo

tegning

el dibujo

pensel

el pincel

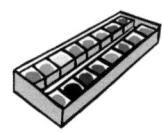

malerskrin

la caja de pinturas

saks

la tijera

lim

el pegamento

arbeidsbok

el cuaderno de ejercicios

lekse

la tarea

tall

el número

addere

sumar

subtrahere

restar

multiplisere

multiplicar

regne

calcular

bokstav

la letra

alfabet

el abecedario

ord

la palabra

tekst

el texto

lese

leer

kritt

la tiza

skoletime

la lección

klassebok

el cuaderno de clase

eksamen

el examen

vitnemål

el certificado

skoleuniform

el uniforme escolar

utdannelse

la educación

leksikon

la enciclopedia

universitet

la universidad

mikroskop

el microscopio

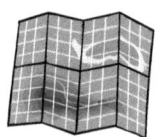

kart

el mapa

papirkurv

el tacho (de basura)

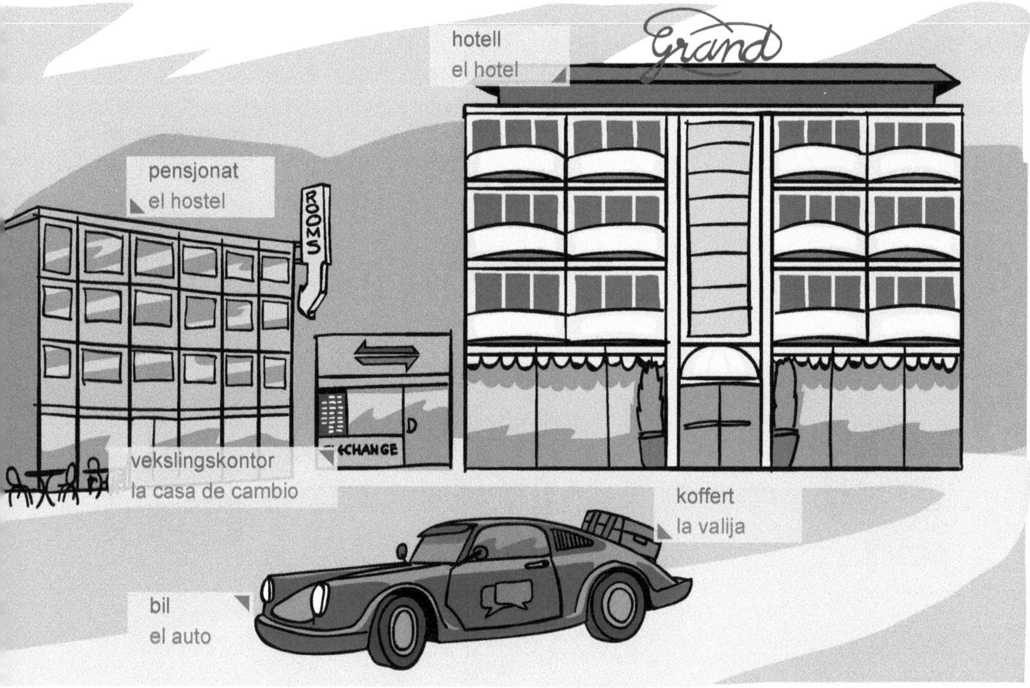

hotell
el hotel
Grand
pensjonat
el hostel
ROOMS
EXCHANGE
vekslingskontor
la casa de cambio
koffert
la valija
bil
el auto

språk
el idioma

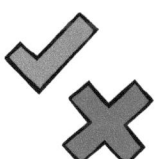

ja / nei
sí / no

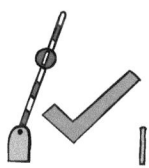

okay
Está bien

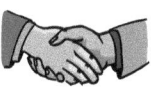

Hei
hola

tolk
el traductor

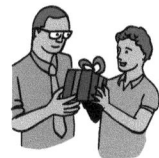

takk skal du ha
Gracias

Hva koster...?

¿cuánto cuesta...?

Jeg forstår ikke

No entiendo

problem

el problema

God kveld!

¡Buenas tardes!

God morgen!

¡Buenos días!

God natt!

¡Buenas noches!

ha det bra

el adiós

retning

la dirección

bagasje

el equipaje

veske

el bolso

ryggsekk

la mochila

gjest

el invitado

rom

la habitación

sovepose

la bolsa de dormir

telt

la carpa

reise - el viaje

turistinformasjon

la información turística

strand

la playa

kredittkort

la tarjeta de crédito

frokost

el desayuno

lunsj

el almuerzo

middag

la cena

billett

el pasaje

heis

el ascensor

stempel

el sello

grense

la frontera

toll

la aduana

ambassade

la embajada

visum

la visa

pass

el pasaporte

transport

el transporte

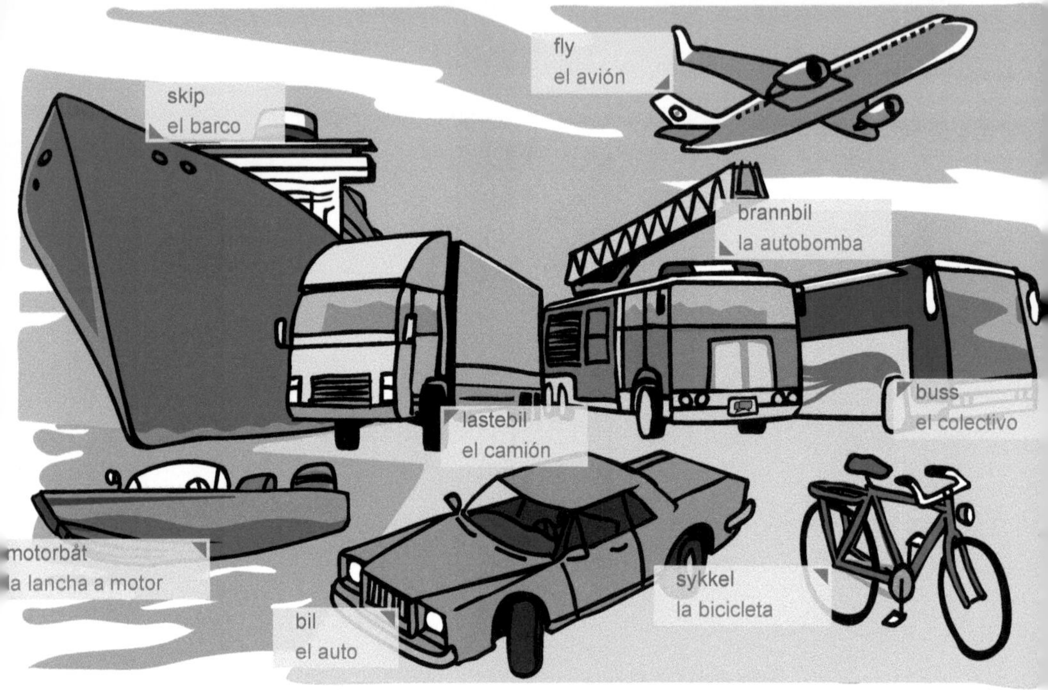

fly
el avión

skip
el barco

brannbil
la autobomba

buss
el colectivo

lastebil
el camión

motorbåt
la lancha a motor

sykkel
la bicicleta

bil
el auto

ferge
el ferry

båt
el bote

motorsykkel
la moto

politibil
el patrullero

racerbil
el auto de carreras

leiebil
el auto de alquiler

bilkollektiv

el alquiler de autos

bergingsbil

la grúa

søppelbil

el camión de la basura

motor

el motor

brennstoff

la nafta

bensinstasjon

la estación de servicio

trafikkskilt

la señal de tránsito

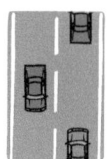

trafikk

el tránsito

trafikkork

el embotellamiento

parkeringsplass

el estacionamiento

togstasjon

la estación de tren

skinne

las vías

tog

el tren

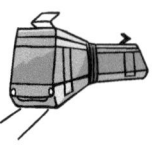

trikk

el tranvía

vogn

el vagón

helikopter

el helicóptero

flyplass

el aeropuerto

tårn

la torre

passasjer

el pasajero

konteiner

el contenedor

kartong

la caja de cartón

tralle

la carretilla

kurv

la canasta

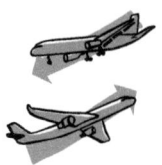

starte / lande

despegar / aterrizar

by
la ciudad

landsby

el pueblo

sentrum

el centro de la ciudad

hus

la casa

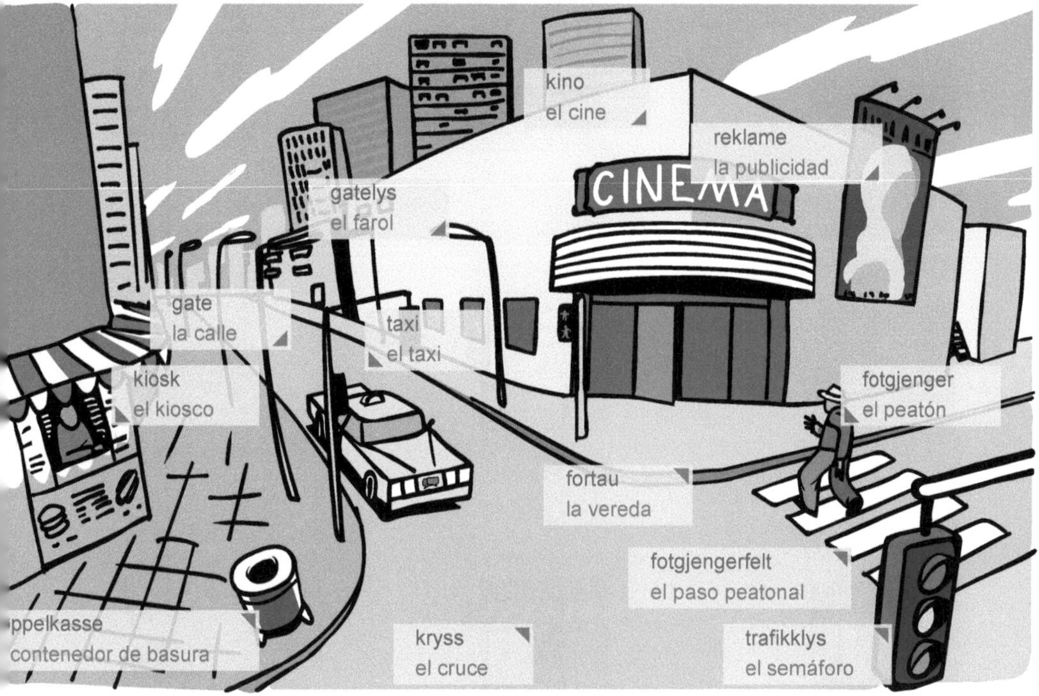

kino
el cine
reklame
la publicidad
CINEMA
gatelys
el farol
gate
la calle
taxi
el taxi
kiosk
el kiosco
fotgjenger
el peatón
fortau
la vereda
fotgjengerfelt
el paso peatonal
ppelkasse
contenedor de basura
kryss
el cruce
trafikklys
el semáforo

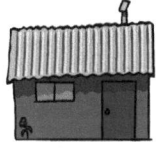

hytte

la cabaña

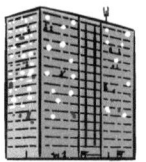

leilighet

el departamento

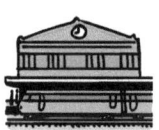

togstasjon

la estación de tren

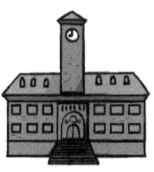

rådhus

la municipalidad

MUSEUM

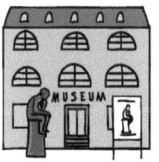

museum

el museo

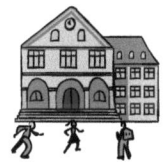

skole

el colegio

universitet

la universidad

bank

el banco

sykehus

el hospital

hotell

el hotel

apotek

la farmacia

kontor

la oficina

bokhandel

la librería

butikk

el negocio

blomsterbutikk

la florería

matbutikk

el supermercado

marked

el mercado

varehus

las grandes tiendas

fiskehandler

la pescadería

kjøpesenter

el centro comercial

havn

el puerto

park
el parque

benk
el banco

bro
el puente

trapp
las escaleras

t-bane
el subte

tunnel
el túnel

busstopp
la parada del colectivo

bar
el bar

restaurant
el restaurante

postkasse
el buzón

gateskilt
el letrero

parkometer
el parquímetro

dyrehage
el zoológico

svømmebasseng
la pileta

moské
la mezquita

bondegård
la granja

miljøforurensing
la contaminación

kirkegård
el cementerio

kirke
la iglesia

lekeplass
los juegos infantiles

tempel
el templo

landskap
el paisaje

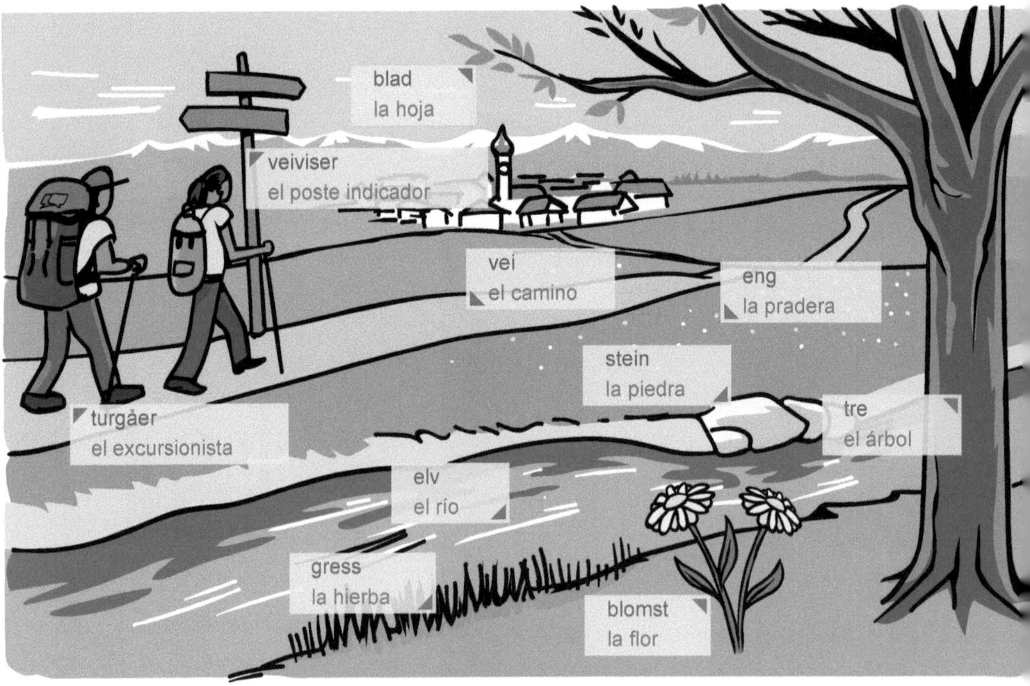

blad
la hoja

veiviser
el poste indicador

vei
el camino

eng
la pradera

stein
la piedra

tre
el árbol

turgåer
el excursionista

elv
el río

gress
la hierba

blomst
la flor

dal

el valle

fjell

la montaña

innsjø

el lago

skog

el bosque

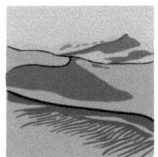

ørken

el desierto

vulkan

el volcán

slott

el castillo

regnbue

el arco iris

sopp

el champiñón

palmetre

la palmera

mygg

el mosquito

flue

la mosca

maur

la hormiga

bie

la abeja

edderkopp

la araña

bille

el escarabajo

frosk

la rana

ekorn

la ardilla

piggsvin

el erizo

hare

la liebre

ugle

la lechuza

fugl

el pájaro

svane

el cisne

villsvin

el jabalí

hjort

el ciervo

elg

el alce

demning

la presa

vindturbin

el aerogenerador

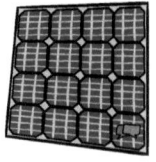

solcellepanel

el panel solar

klima

el clima

restaurant
el restaurante

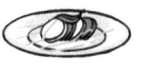

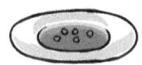

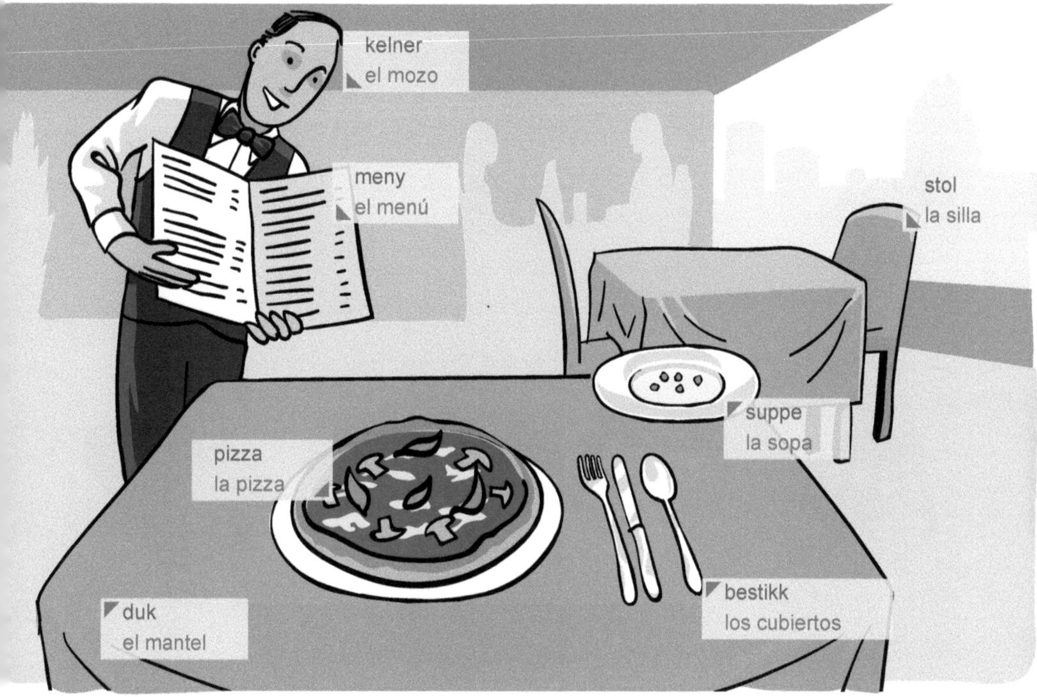

kelner
el mozo
meny
el menú
stol
la silla
suppe
la sopa
pizza
la pizza
bestikk
los cubiertos
duk
el mantel

forrett
la entrada

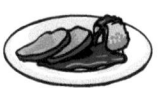

hovedrett
el plato principal

dessert
el postre

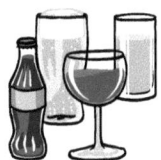

drikkevarer
las bebidas

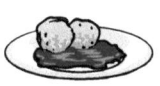

mat
la comida

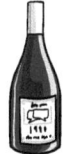

flaske
la botella

hurtigmat

la comida rápida

gatemat

la comida callejera

tekanne

la tetera

sukkerskål

la azucarera

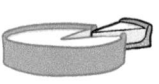

porsjon

la porción

espressomaskin

la cafetera expreso

barnestol

la sillita alta

regning

la cuenta

brett

la bandeja

kniv

el cuchillo

gaffel

el tenedor

skje

la cuchara

teskje

la cucharita

serviett

la servilleta

glass

el vaso

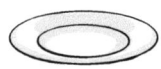

tallerken

el plato

suppetallerken

el plato hondo

skål

el plato

saus

la salsa

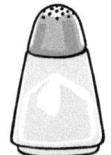

saltbøsse

el salero

pepperkvern

el molinillo de pimienta

eddik

el vinagre

olje

el aceite

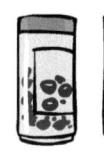

krydder

las especias

ketchup

el kétchup

sennep

la mostaza

majones

la mayonesa

matbutikk
el supermercado

tilbud
la oferta especial
kunde
el cliente
meieriprodukt
los lácteos
frukt
la fruta
handlevogn
el changuito
FOR

BUTCHERS

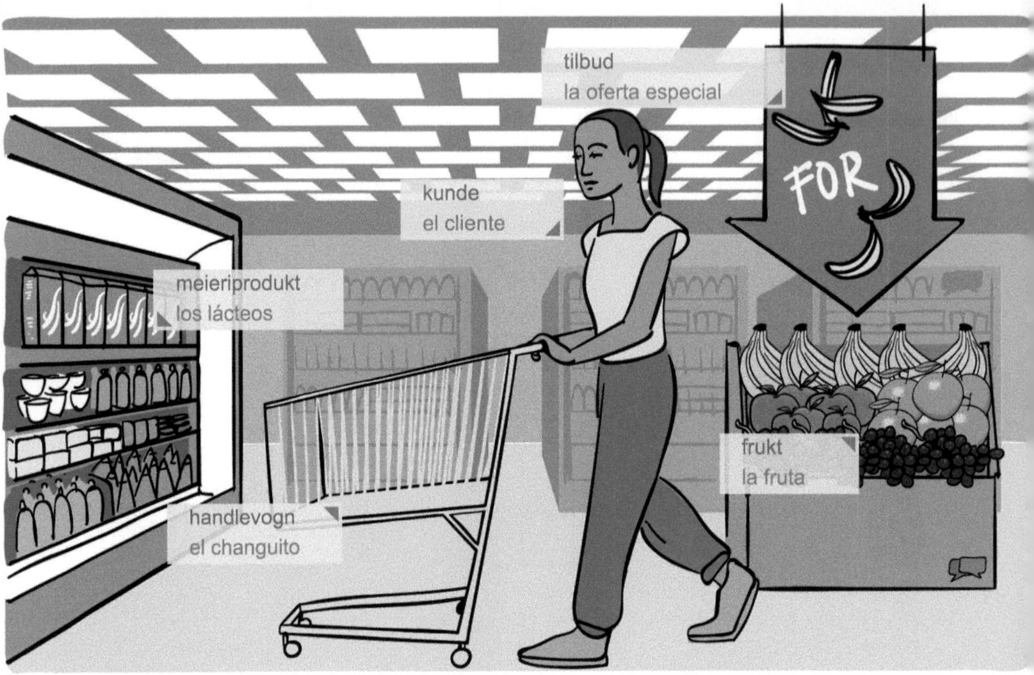

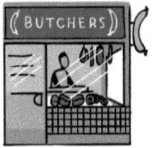

slakter

la carnicería

BAKERY

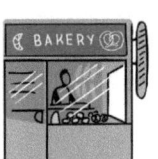

bakeri

la panadería

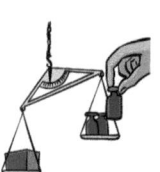

veie

pesar

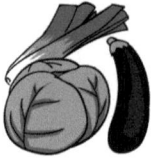

grønnsaker

las verduras

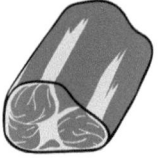

kjøtt

la carne

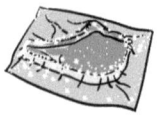

frysevarer

los alimentos congelados

oppskåret pålegg

los fiambres

hermetikk

los alimentos enlatados

vaskepulver

el detergente en polvo

godteri

las golosinas

husholdningsprodukter

los electrodomésticos

rengjøringsmidler

los productos de limpieza

butikkmedarbeider

la vendedora

kassaapparat

la caja

kasserer

el cajero

handleliste

la lista de compras

åpningstider

el horario de atención

lommebok

la billetera

kredittkort

la tarjeta de crédito

veske

la cartera

plastpose

la bolsa de plástico

vann
el agua

juice
el jugo

melk
la leche

cola
la bebida cola

vin
el vino

øl
la cerveza

alkohol
el alcohol

kakao
el cacao

te
el té

kaffe
el café

espresso
el café expreso

cappuccino
el cappuccino

banan

la banana

eple

la manzana

appelsin

la naranja

melon

el melón

sitron

el limón

gulrot

la zanahoria

hvitløk

el ajo

bambus

el bambú

løk

la cebolla

sopp

el champiñón

nøtter

las nueces

nudler

los fideos

spagetti

los tallarines

ris

el arroz

salat

la ensalada

pommes frites

las papas fritas

stekte poteter

las papas fritas

pizza

la pizza

hamburger

la hamburguesa

sandwich

el sándwich

biff

el churrasco

skinke

el jamón

salami

el salame

pølse

la salchicha

kylling

el pollo

stek

el asado

fisk

el pescado

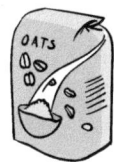

havregryn

los copos de avena

müsli

el muesli

cornflakes

los copos de maíz

mel

la harina

croissant

la medialuna

rundstykke

el pancito

brød

el pan

ristet brød

la tostada

kjeks

las galletitas

smør

la manteca

kvarg

la cuajada

kake

la torta

egg

el huevo

speilegg

el huevo frito

ost

el queso

iskrem

el helado

sukker

el azúcar

honning

la miel

syltetøy

la mermelada

sjokoladepålegg

la pasta de chocolate

karri

el curry

mat - la comida

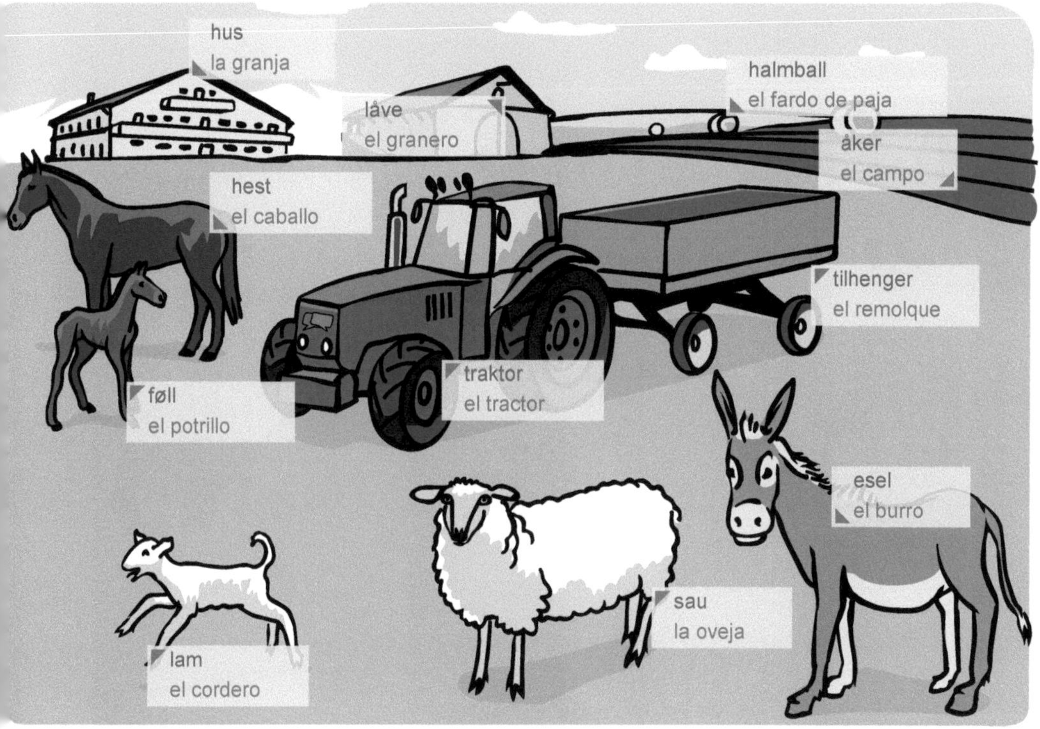

hus
la granja

låve
el granero

halmball
el fardo de paja

åker
el campo

hest
el caballo

tilhenger
el remolque

traktor
el tractor

føll
el potrillo

esel
el burro

lam
el cordero

sau
la oveja

geit
la cabra

ku
la vaca

kalv
el ternero

gris
el cerdo

grisunge
el lechón

okse
el toro

gås

el ganso

and

el pato

kylling

el pollo

høne

la gallina

hane

el gallo

rotte

la rata

katt

el gato

mus

el ratón

okse

el buey

hund

el perro

hundehus

la cucha

hageslange

la manguera

vannkanne

la regadera

ljå

la guadaña

plog

el arado

bondegård - la granja

sigd

la hoz

hakke

la azada

høygaffel

la horquilla

øks

el hacha

trillebår

la carretilla

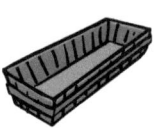

trau

el abrevadero

melkekanne

la lechera

sekk

la bolsa

gjerde

la reja

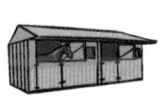

fjøs

el establo

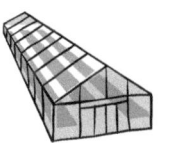

drivhus

el invernadero

jord

el suelo

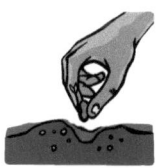

frø

la semilla

gjødsel

el fertilizador

skurtresker

la cosechadora

høste

cosechar

innhøsting

la cosecha

yams

las batatas

hvete

el trigo

soja

la soja

potet

la papa

mais

el maíz

raps

la semilla de colza

frukttre

el árbol frutal

kassava

la mandioca

korn

los cereales

hus

la casa

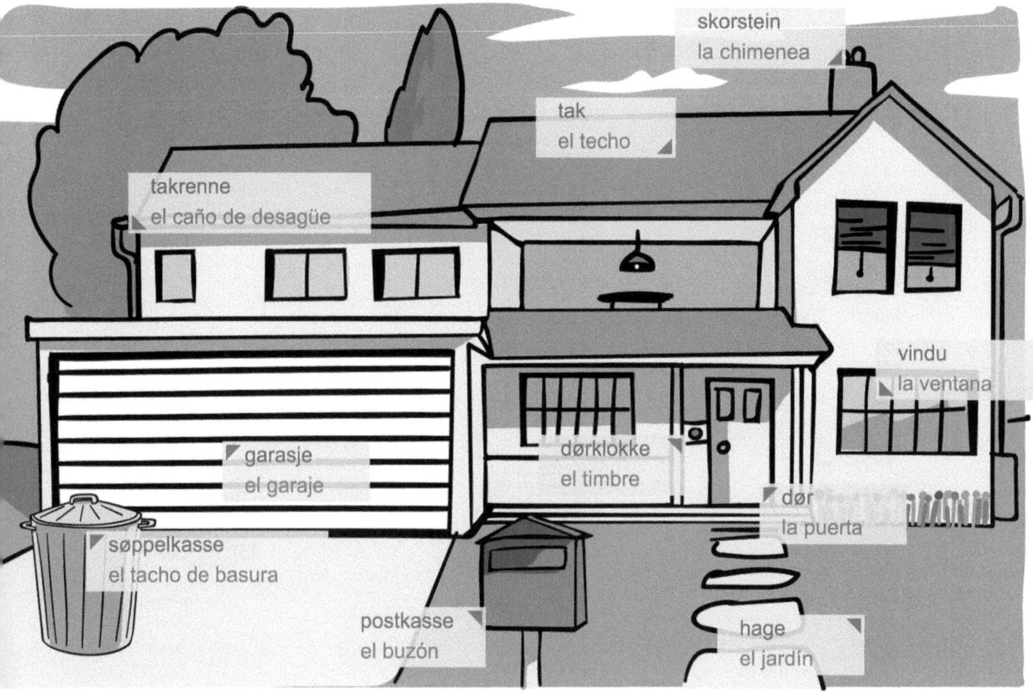
skorstein
la chimenea
tak
el techo
takrenne
el caño de desagüe
vindu
la ventana
garasje
el garaje
dørklokke
el timbre
dør
la puerta
søppelkasse
el tacho de basura
postkasse
el buzón
hage
el jardín

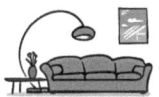

stue

el living

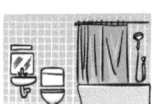

bad

el baño

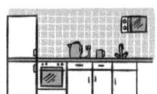

kjøkken

la cocina

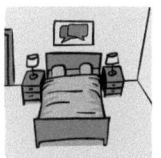

soverom

el dormitorio

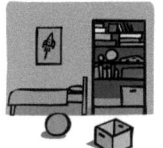

barnerom

el cuarto de los chicos

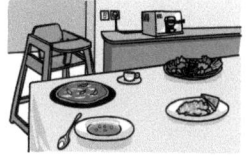

spisestue

el comedor

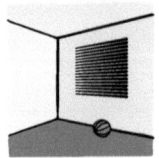

gulv

el piso

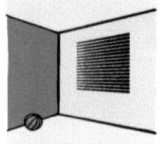

vegg

la pared

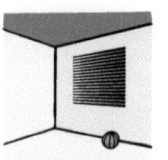

tak

el cielorraso

kjeller

el sótano

badstue

el sauna

balkong

el balcón

terrasse

la terraza

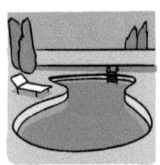

svømmebasseng

la pileta

gressklipper

la cortadora de pasto

laken

la sábana

dyne

el acolchado

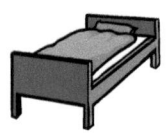

seng

la cama

kost

la escoba

bøtte

el balde

bryter

el interruptor

stue

el living

tapet
el empapelado
bilde
la imagen
lampe
la lámpara
hylle
el estante
skap
el armario
tv
la televisión
peis
la chimenea
blomst
la flor
pute
el almohadón
sofa
el sofá
vase
el florero
fjernkontroll
el control remoto

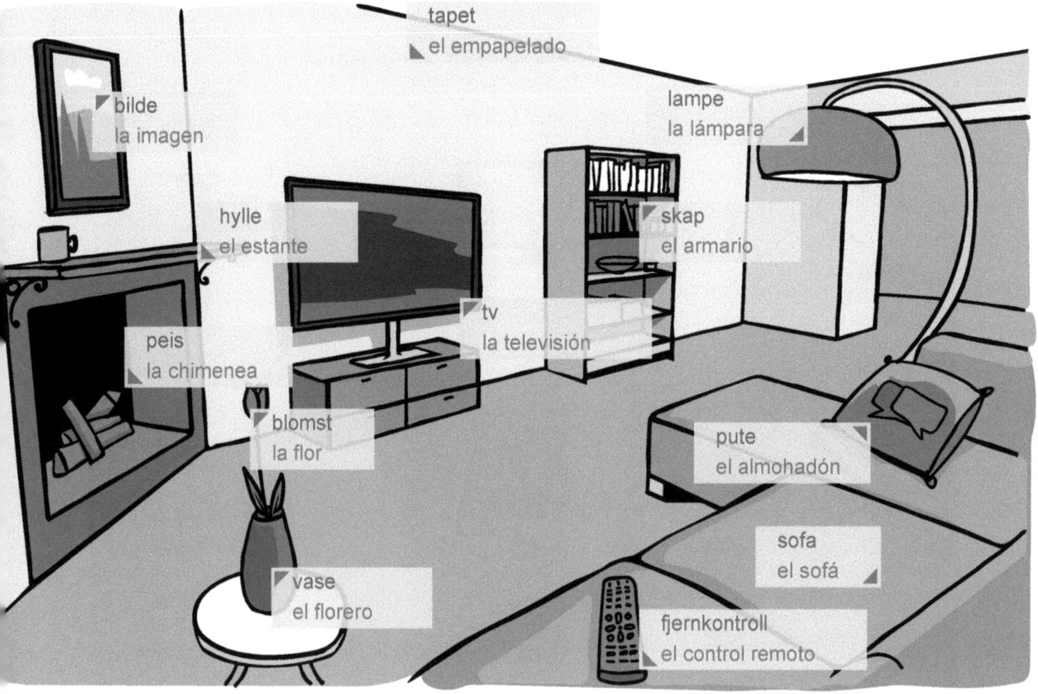

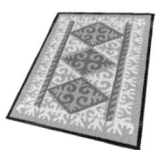

gulvteppe

la alfombra

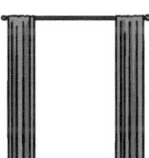

gardin

la cortina

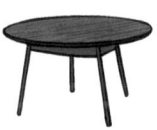

bord

la mesa

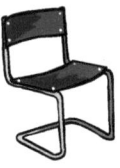

stol

la silla

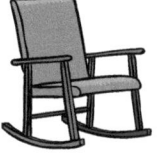

gyngestol

la mecedora

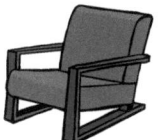

lenestol

el sillón

bok

el libro

teppe

la frazada

dekorasjon

la decoración

ved

la leña

film

la película

stereoanlegg

el equipo de música

nøkkel

la llave

avis

el diario

maleri

la pintura

plakat

el póster

radio

la radio

notatblokk

el cuaderno

støvsuger

la aspiradora

kaktus

el cactus

lys

la vela

kjøkken
la cocina

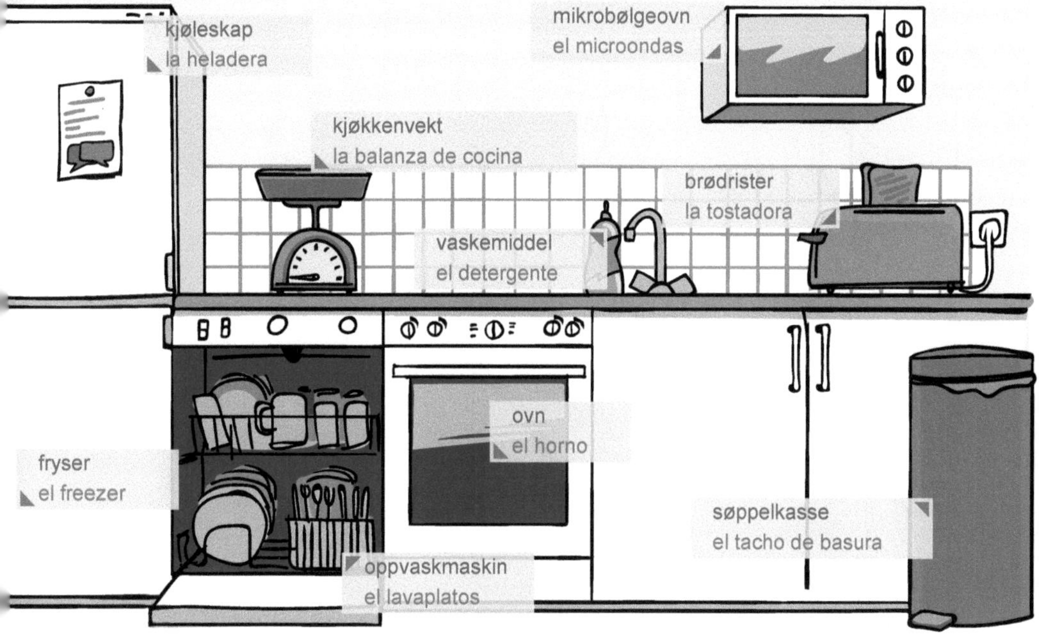
kjøleskap
la heladera
mikrobølgeovn
el microondas
kjøkkenvekt
la balanza de cocina
brødrister
la tostadora
vaskemiddel
el detergente
ovn
el horno
fryser
el freezer
søppelkasse
el tacho de basura
oppvaskmaskin
el lavaplatos

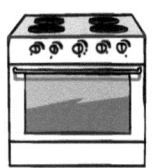

komfyr

la cocina

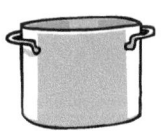

gryte

la olla

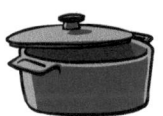

jerngryte

la olla de hierro fundido

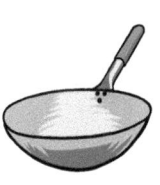

wokpanne

el wok

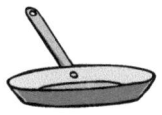

panne

la sartén

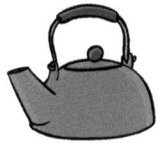

vannkoker

la pava

dampovn

la vaporera

stekebrett

la bandeja de horno

servise

la vajilla

krus

la taza

bolle

el bol

spisepinner

los palitos

øse

el cucharón

stekespade

la espátula

visp

la batidora

sil

el colador

sil

el colador

rivjern

el rallador

mørtel

el mortero

grill

la parrilla

bål

la fogata

skjærefjøl

la tabla de picar

kjevle

el palo de amasar

korketrekker

el sacacorchos

boks

la lata

boksåpner

el abrelatas

gryteklut

la manopla

vask

la pileta

børste

el cepillo

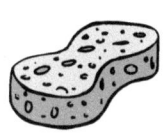

svamp

la esponja

blender

la batidora

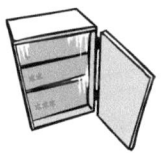

fryseboks

el congelador

tåteflaske

la mamadera

kran

la canilla

bad

el baño

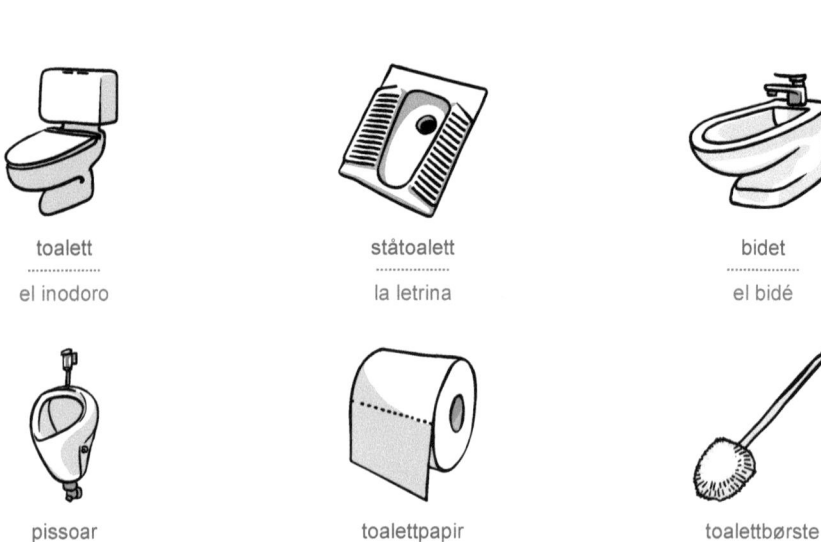

varme
la calefacción
håndkle
la toalla
dusj
la ducha
dusjforheng
la cortina de la ducha
skumbad
el baño de espuma
badekar
la bañadera
glass
el vaso
vaskemaskin
el lavarropas
kran
la canilla
fliser
las baldosas
potte
la pelela
vask
la pileta

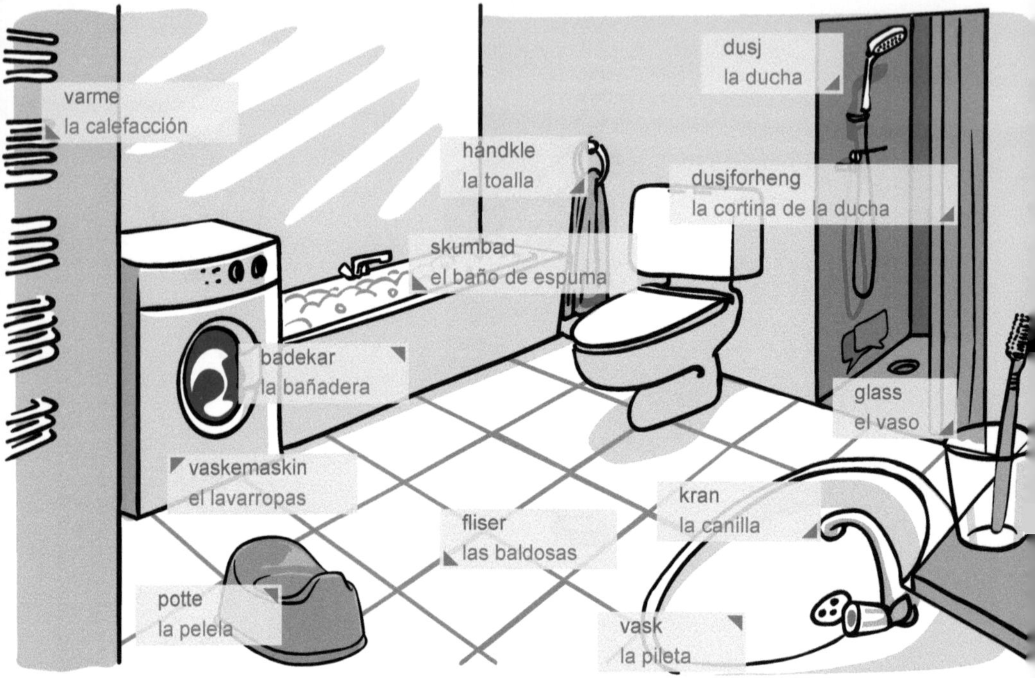

toalett

el inodoro

ståtoalett

la letrina

bidet

el bidé

pissoar

el mingitorio

toalettpapir

el papel higiénico

toalettbørste

el cepillo para el inodoro

tannbørste

el cepillo de dientes

tannkrem

el dentífrico

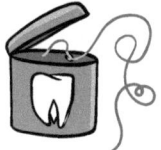

tanntråd

el hilo dental

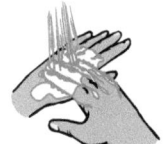

vaske

lavar

hånddusj

la ducha de mano

intimdusj

la ducha higiénica

oppvaskbalje

la palangana

ryggbørste

el cepillo para la espalda

såpe

el jabón

dusjsåpe

el gel de ducha

sjampo

el shampoo

vaskeklut

la toallita

avløp

el desagüe

krem

la crema

deodorant

el desodorante

speil

el espejo

håndspeil

el espejito

barberhøvel

la maquinita de afeitar

barberskum

la espuma de afeitar

barberingsvann

el aftershave

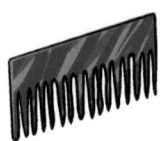

kam

el peine

børste

el cepillo

hårføner

el secador de pelo

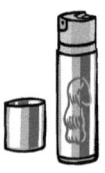

hårspray

el spray

sminke

el maquillaje

lebestift

el lápiz de labios

neglelakk

el esmalte para uñas

bomullsdott

el algodón

neglesaks

la tijera para uñas

parfyme

el perfume

toalettmappe

el portacosméticos

krakk

la banqueta

vekt

la balanza

badekåpe

la bata

gummihansker

los guantes de goma

tampong

el tampón

sanitetsbind

la toallita femenina

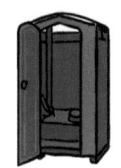

kjemisk toalett

el baño químico

barnerom
el cuarto de los chicos

vekkerklokke
el despertador
kosedyr
el peluche
lekebil
el coche de juguete
rangle
el sonajero
dukkehus
la casa de muñecas
gave
el regalo

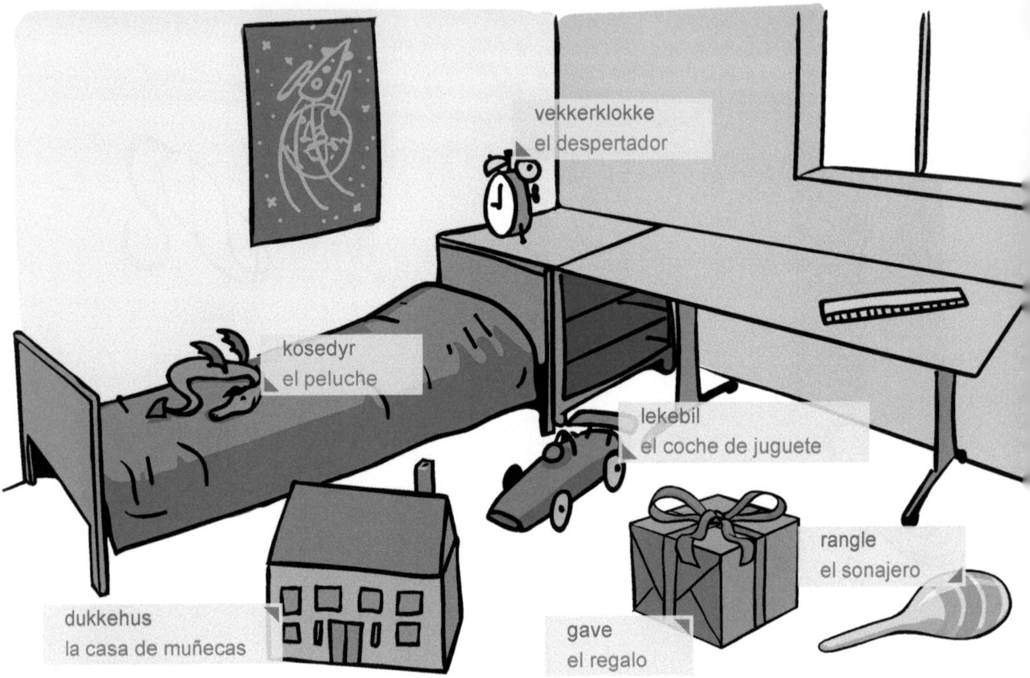

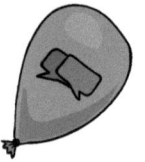

ballong
el globo

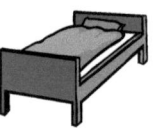

seng
la cama

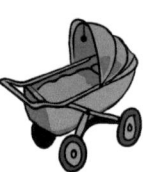

barnevogn
el cochecito

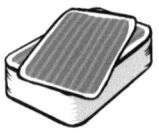

kortstokk
las cartas

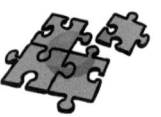

puslespill
el rompecabezas

SUPER MEGA
tegneserie
la historieta

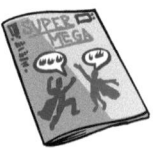

lego klosser

las piezas de lego

byggeklosser

los ladrillos de juguete

actionfigur

la figura de acción

sparkebukse

el enterito (de bebé)

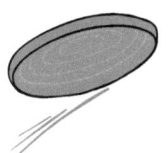

frisbee

el frisbee

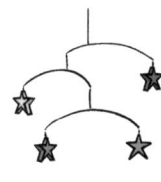

uro

el móvil para bebés

brettspill

el juego de mesa

terning

los dados

togbane

el tren eléctrico

smokk

el chupete

fest

la fiesta

bildebok

el libro de cuentos ilustrado

ball

la pelota

dukke

la muñeca

leke

jugar

sandkasse
el arenero

gynge
la hamaca

leketøy
los juguetes

spillekonsoll
la consola de videojuegos

trehjulssykkel
el triciclo

bamse
el osito de peluche

garderobeskap
el armario

klær

la ropa

sokker
las medias

strømper
las medias panty

strømpebukse
las calzas

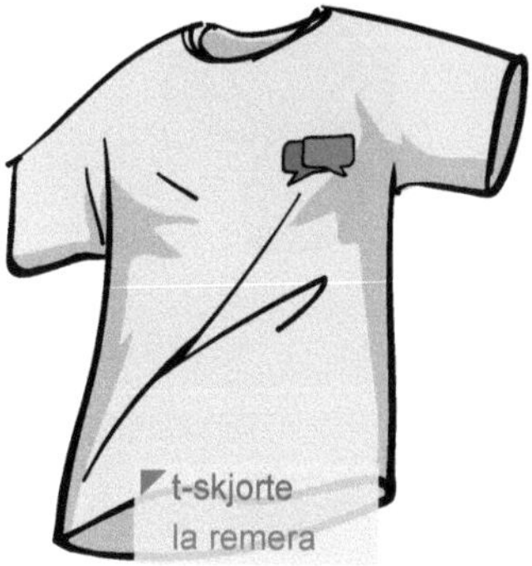

skjerf
la bufanda

belte
el cinturón

paraply
el paraguas

t-skjorte
la remera

støvler
las botas

tøfler
las pantuflas

sneakers
las zapatillas

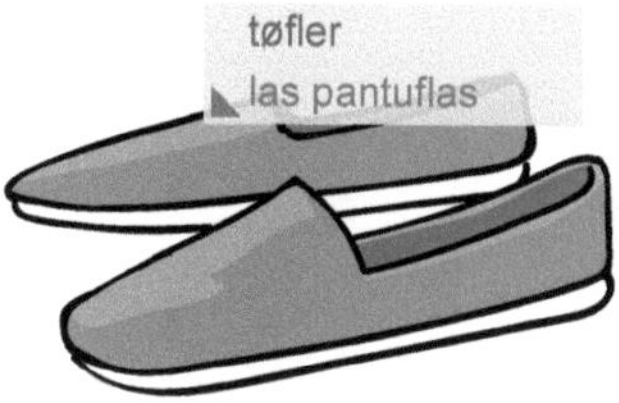

sandaler
....
las sandalias

sko
....
los zapatos

gummistøvler
....
las botas de goma

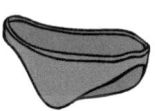

underbukse
....
la ropa interior

BH
....
el corpiño

undertrøye
....
el chaleco

body

el body

bukse

los pantalones

dongeribukse

los jeans

skjørt

la pollera

bluse

la blusa

skjorte

la camisa

genser

el pulóver

hettegenser

el buzo

dressjakke

el blazer

jakke

la campera

kåpe

el tapado

regnjakke

el piloto

drakt

el traje

kjole

el vestido

brudekjole

el vestido de novia

dress
el traje

nattkjole
el camisón

pyjamas
el pijama

sari
el sari

skaut
el pañuelo para la cabeza

turban
el turbante

burka
la burka

kaftan
el caftán

abaya
la abaya

badedrakt
el traje de baño

badebukse
el short de baño

shorts
los shorts

treningsklær
el jogging

forkle
el delantal

handske
los guantes

knapp

el botón

brille

los anteojos

armbånd

la pulsera

kjede

el collar

ring

el anillo

øredobb

el aro

lue

la gorra

kleshenger

la percha

hatt

el sombrero

slips

la corbata

glidelås

el cierre

hjelm

el casco

bukseseler

los tiradores

skoleuniform

el uniforme escolar

uniform

el uniforme

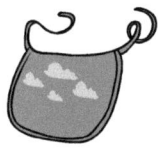

smekke

el babero

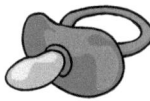

smokk

el chupete

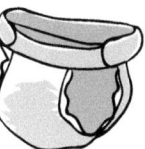

bleie

el pañal

kontor
la oficina

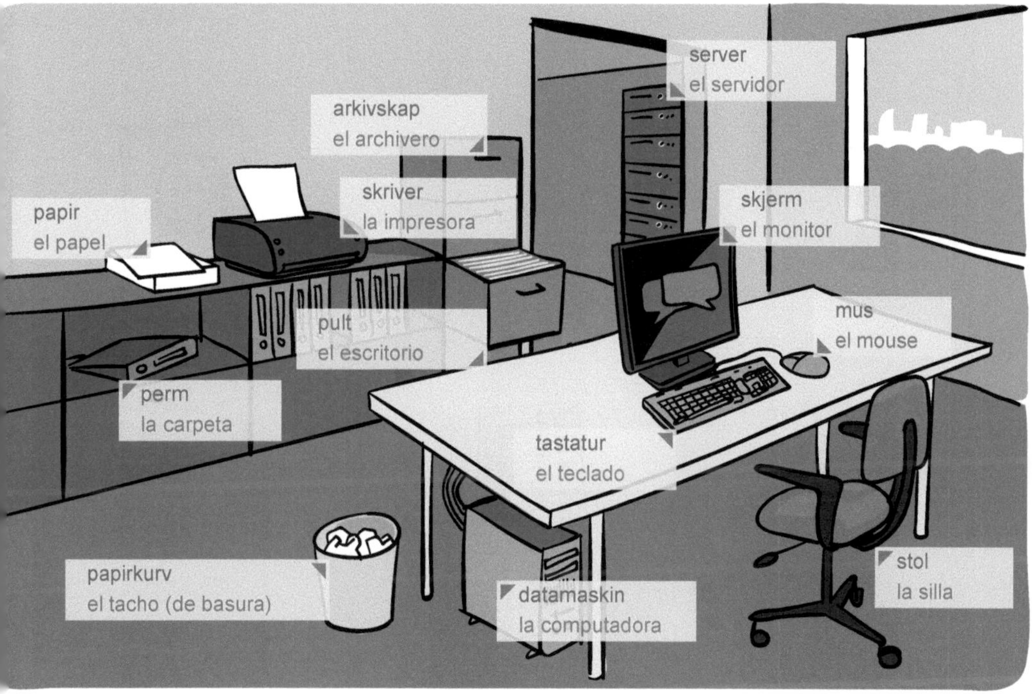
server
el servidor
arkivskap
el archivero
skriver
la impresora
papir
el papel
skjerm
el monitor
mus
el mouse
pult
el escritorio
perm
la carpeta
tastatur
el teclado
papirkurv
el tacho (de basura)
datamaskin
la computadora
stol
la silla

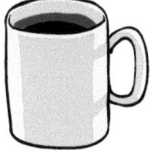

kaffekopp

la taza de café

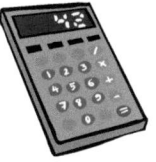

kalkulator

la calculadora

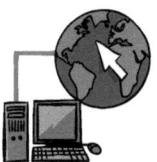

internett

el internet

bærbar pc

la laptop

brev

la carta

beskjed

el mensaje

mobiltelefon

el celular

nettverk

la red

kopimaskin

la fotocopiadora

programvare

el software

telefon

el teléfono

stikkontakt

el tomacorriente

faksmaskin

el fax

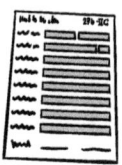

skjema

el formulario

dokument

el documento

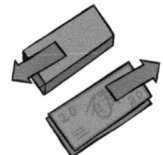

kjøpe
comprar

betale
pagar

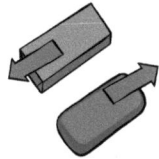

handle
hacer negocios

penger
el dinero

 USD

dollar
el dólar

 EUR

euro
el euro

 JPY

yen
el yen

 RUB

rubel
el rublo

 CHF

sveitserfranc
el franco suizo

 CNY

renminbi
el yuan

 INR

rupi
la rupia

minibank
el cajero automático

vekslingskontor

la casa de cambio

gull

el oro

sølv

la plata

olje

el petróleo

energi

la energía

pris

el precio

kontrakt

el contrato

avgift

el impuesto

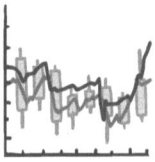

aksje

la acción

jobbe

trabajar

ansatt

el empleado

arbeitsgiver

el empleador

fabrikk

la fábrica

butikk

el negocio

yrker
las ocupaciones

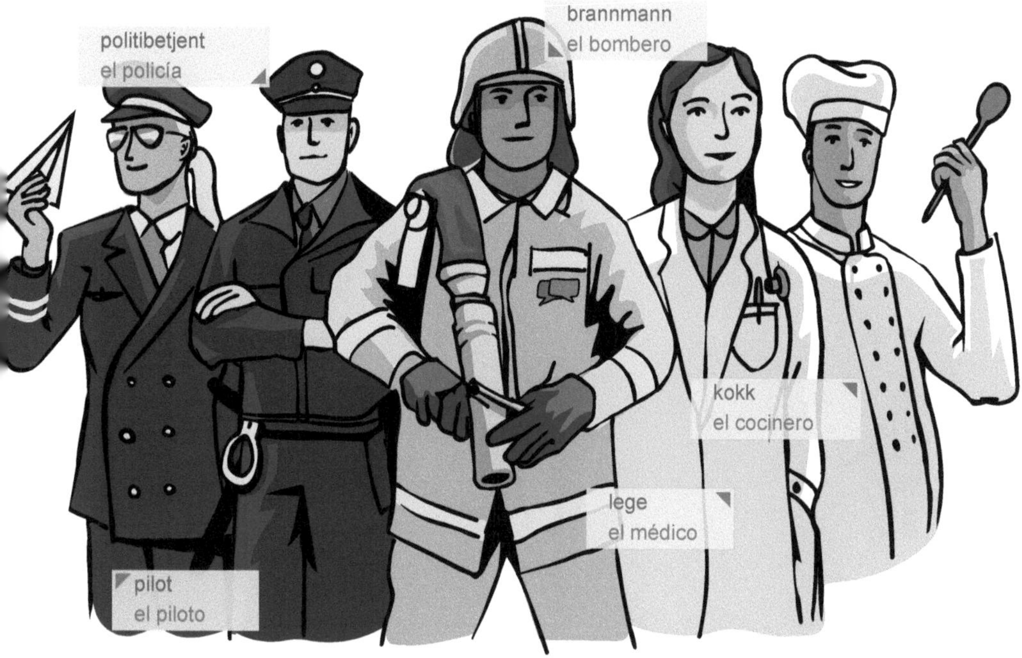
politibetjent
el policía
brannmann
el bombero
kokk
el cocinero
lege
el médico
pilot
el piloto

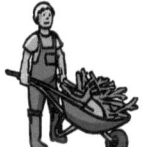

gartner

el jardinero

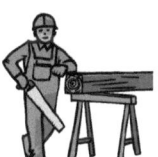

snekker

el carpintero

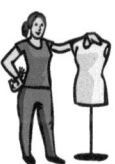

syerske

la modista

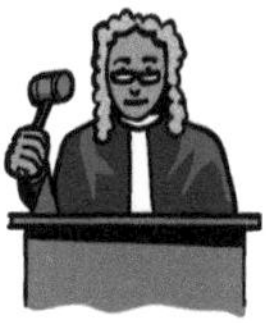

dommer

el juez

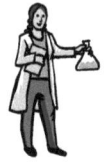

kjemiker

el farmacéutico

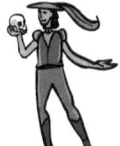

skuespiller

el actor

bussjåfør

el colectivero

taxisjåfør

el taxista

fisker

el pescador

vaskedame

la mucama

taktekker

el techista

kelner

el mozo

jeger

el cazador

maler

el pintor

baker

el panadero

elektriker

el electricista

bygningsarbeider

el albañil

ingeniør

el ingeniero

slakter

el carnicero

rørlegger

el plomero

postbud

el cartero

soldat

el soldado

arkitekt

el arquitecto

kasserer

el cajero

blomsterhandler

el florista

frisør

el peluquero

konduktør

el cobrador

mekaniker

el mecánico

kaptein

el capitán

tannlege

el dentista

forsker

el científico

rabbi

el rabino

imam

el imán

munk

el monje

prest

el sacerdote

verktøy
las herramientas

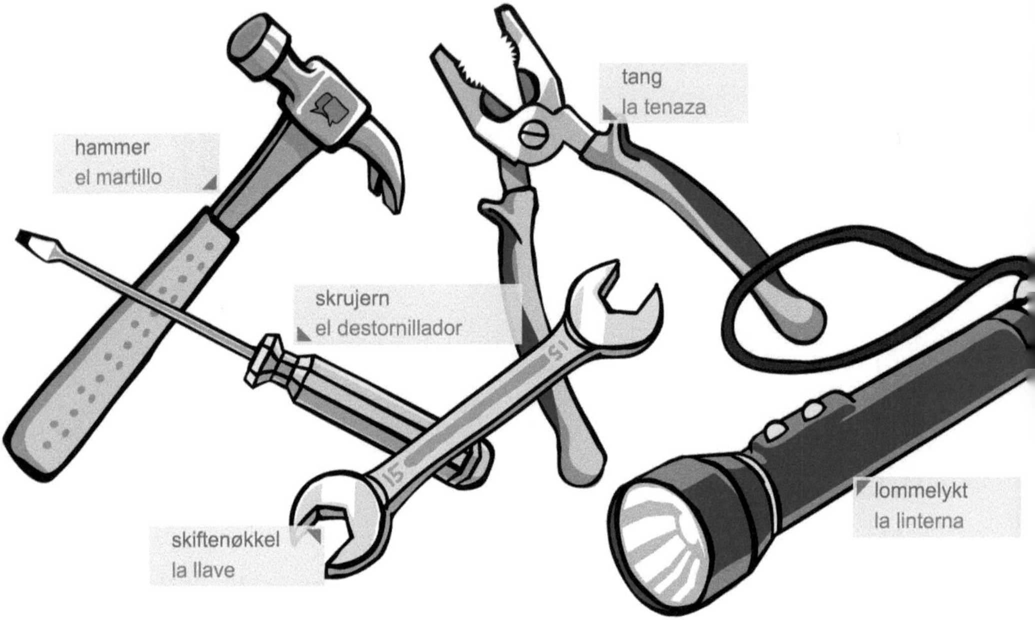
hammer
el martillo
tang
la tenaza
skrujern
el destornillador
skiftenøkkel
la llave
lommelykt
la linterna

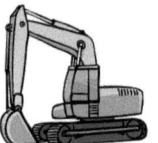

gravemaskin

la excavadora

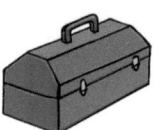

verktøykasse

la caja de herramientas

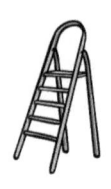

stige

la escalera portátil

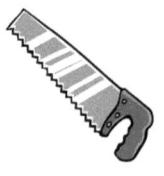

sag

la sierra

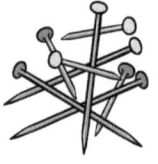

spiker

los clavos

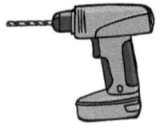

bor

el taladro

reparere
arreglar

spade
la pala de jardín

Søren!
¡Qué bronca!

feiebrett
la pala de plástico

malingsspann
el tacho de pintura

skruer
los tornillos

musikkinstrument
los instrumentos musicales

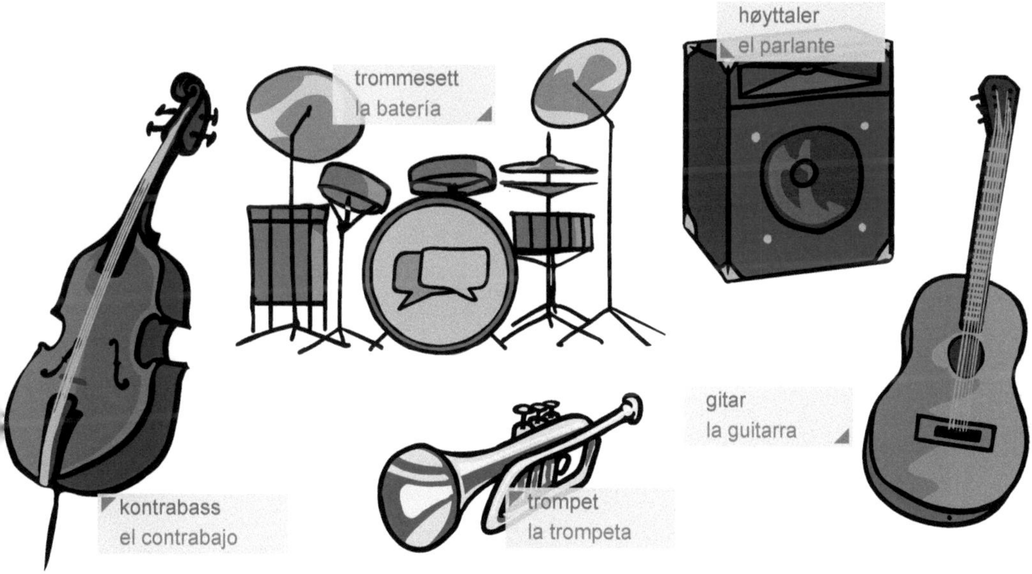

trommesett
la batería

høyttaler
el parlante

gitar
la guitarra

kontrabass
el contrabajo

trompet
la trompeta

piano

el piano

fiolin

el violín

bass

el bajo

pauke

los timbales

trommer

el tambor

keyboard

el teclado

saksofon

el saxofón

fløyte

la flauta

mikrofon

el micrófono

dyrehage
el zoológico

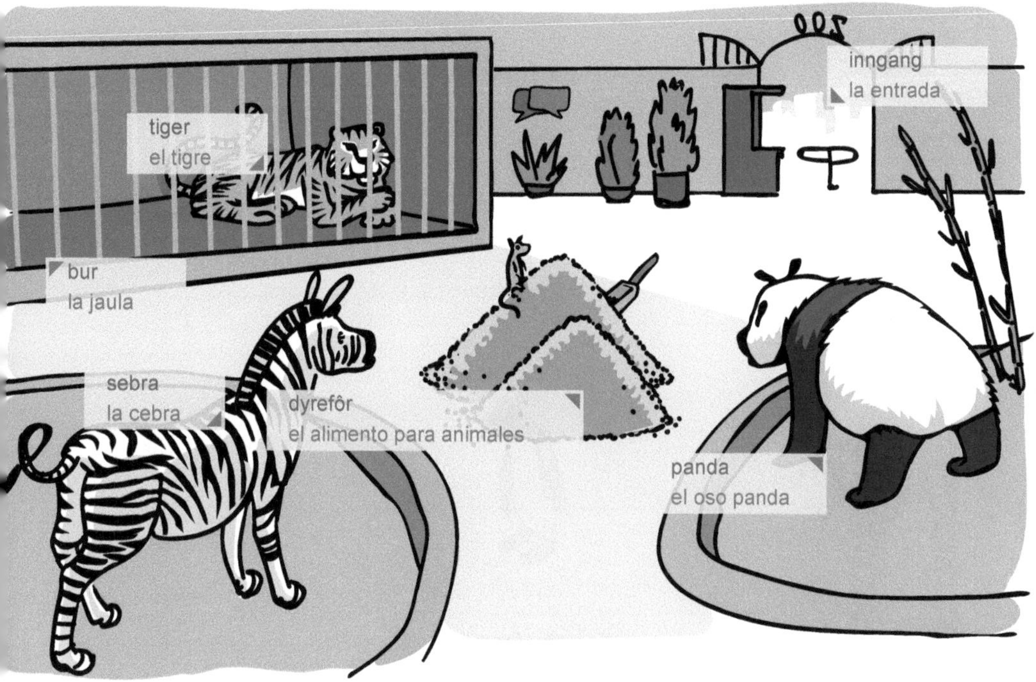

tiger
el tigre
inngang
la entrada
bur
la jaula
sebra
la cebra
dyrefôr
el alimento para animales
panda
el oso panda

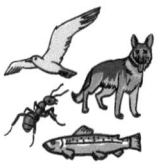

dyr

los animales

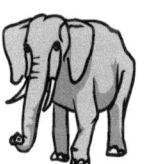

elefant

el elefante

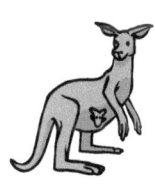

kenguru

el canguro

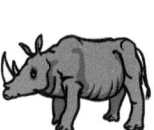

neshorn

el rinoceronte

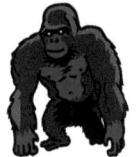

gorilla

el gorila

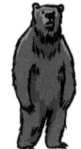

bjørn

el oso

kamel

el camello

struts

el avestruz

løve

el león

ape

el mono

flamingo

el flamenco

papegøye

el loro

isbjørn

el oso polar

pingvin

el pingüino

hai

el tiburón

påfugl

el pavo real

slange

la serpiente

krokodille

el cocodrilo

dyrepasser

el cuidador del zoológico

sel

la foca

jaguar

el jaguar

ponni

el poni

leopard

el leopardo

flodhest

el hipopótamo

giraff

la jirafa

ørn

el águila

villsvin

el jabalí

fisk

el pescado

skilpadde

la tortuga

hvalross

la morsa

rev

el zorro

gaselle

la gacela

sport

los deportes

amerikansk fotball
el fútbol americano

sykling
el ciclismo

tennis
el tenis

basketball
el básquet

svømming
la natación

ishockey
el hockey sobre hielo

boksing
el boxeo

fotball
el fútbol

badminton
el bádminton

friidrett
el atletismo

håndball
el handball

stå på ski
el esquí

polo
el polo

hoppe
saltar

le
reír

klemme
abrazar

gå
caminar

synge
cantar

drømme
soñar

be
rezar

kysse
besar

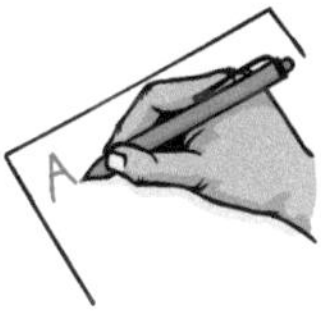

skrive
escribir

tegne
dibujar

vise
mostrar

trykke
presionar

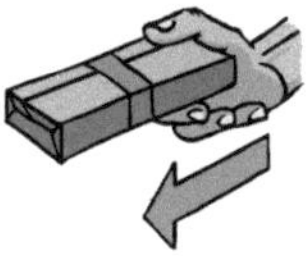

gi
dar

ta
tomar

ha

tener

gjøre

hacer

være

ser

stå

estar parado

løpe

correr

dra

tirar

kaste

tirar

falle

caer

ligge

estar acostado

vente

esperar

bære

llevar

sitte

estar sentado

kle på

vestirse

sove

dormir

våkne

despertar

se på

mirar

gråte

llorar

stryke

acariciar

gre

peinar

snakke

hablar

forstå

entender

spørre

preguntar

høre

escuchar

drikke

beber

spise

comer

rydde

ordenar

elske

amar

lage mat

cocinar

kjøre

manejar

fly

volar

seile

navegar

regne

calcular

lese

leer

lære

aprender

jobbe

trabajar

gifte seg

casarse

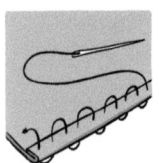

sy

coser

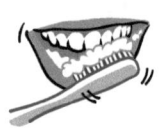

pusse tenner

cepillarse los dientes

drepe

matar

røyke

fumar

sende

enviar

bestemor
la abuela

bestefar
el abuelo

far
el padre

mor
la madre

baby
el bebé

datter
la hija

sønn
el hijo

gjest
el invitado

tante
la tía

onkel
el tío

bror
el hermano

søster
la hermana

kropp

el cuerpo

panne
la frente
øye
el ojo
skulder
el hombro
finger
el dedo
fjes
la cara
hake
la pera
hånd
la mano
ben
la pierna
bryst
el pecho
arm
el brazo

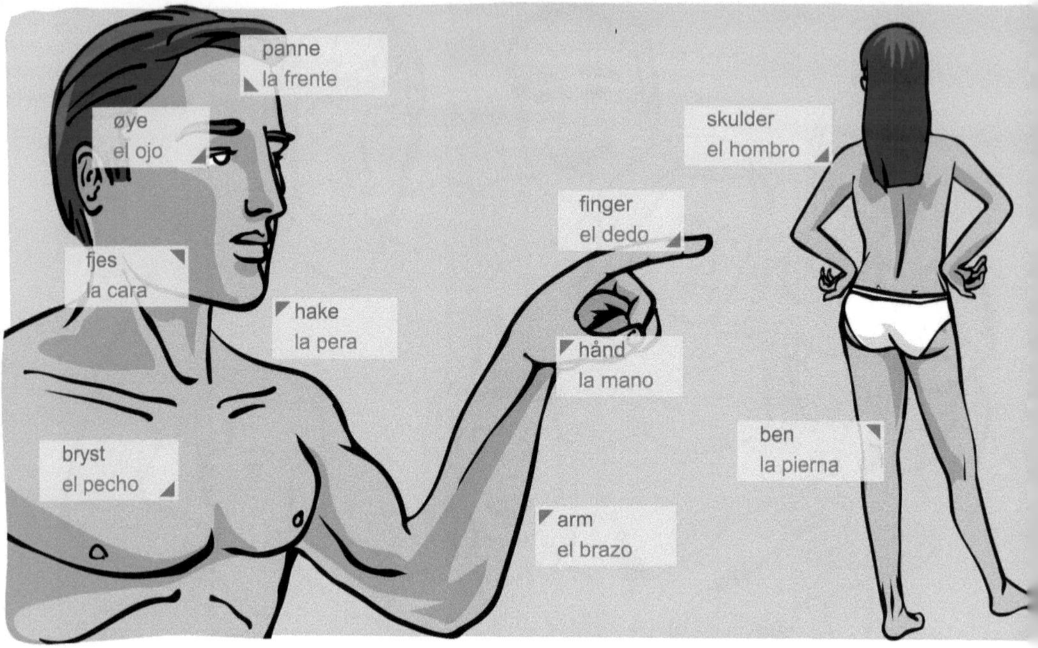

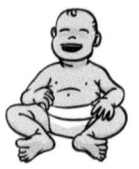

baby
el bebé

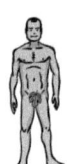

mann
el hombre

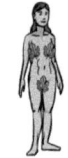

kvinne
la mujer

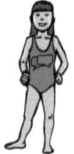

jente
la nena

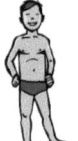

gutt
el nene

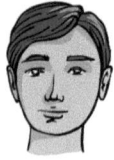

hode
la cabeza

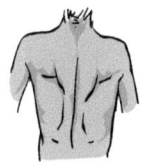

rygg

la espalda

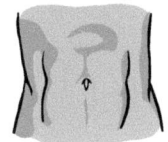

mage

la panza

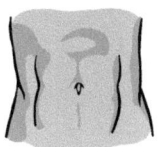

navle

el ombligo

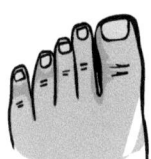

tå

el dedo del pie

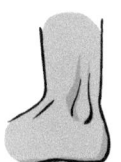

hæl

el talón

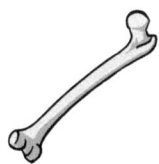

bein

el hueso

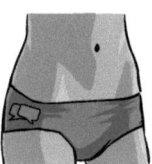

hofte

la cadera

kne

la rodilla

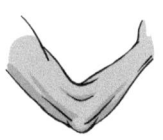

albue

el codo

nese

la nariz

rumpe

la cola

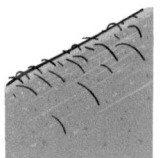

hud

la piel

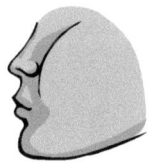

kinn

el cachete

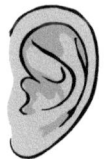

øre

la oreja

leppe

el labio

kropp - el cuerpo

munn

la boca

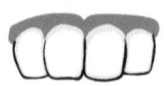

tann

el diente

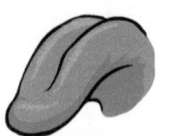

tunge

la lengua

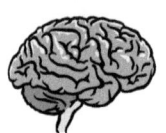

hjerne

el cerebro

hjerte

el corazón

muskel

el músculo

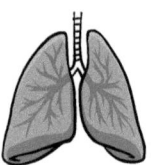

lunge

el pulmón

lever

el hígado

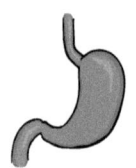

magesekk

el estómago

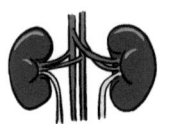

nyrer

los riñones

samleie

el sexo

kondom

el preservativo

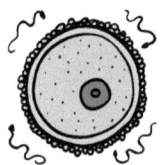

eggcelle

el óvulo

sæd

el semen

graviditet

el embarazo

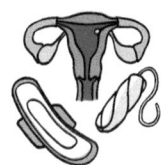

menstruasjon

la menstruación

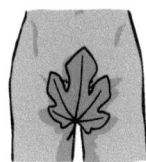

vagina

la vagina

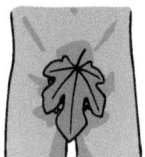

penis

el pene

øyenbryn

la ceja

hår

el pelo

hals

el cuello

sykehus

el hospital

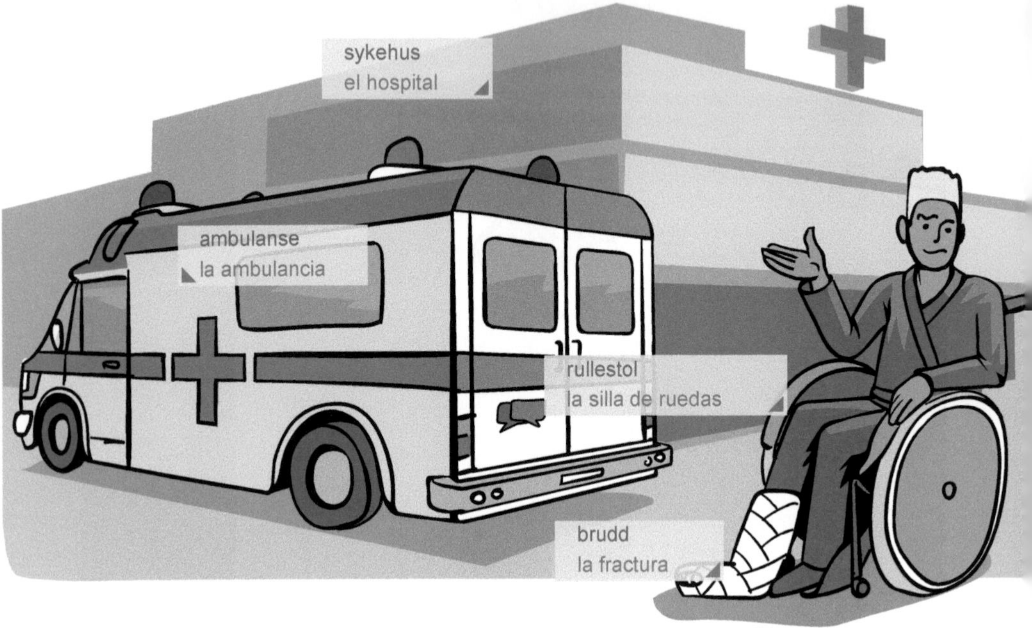

sykehus
el hospital
ambulanse
la ambulancia
rullestol
la silla de ruedas
brudd
la fractura

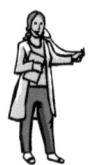

lege

el médico

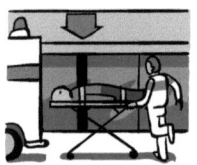

akuttmottak

la sala de guardia

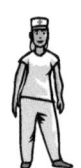

sykepleier

la enfermera

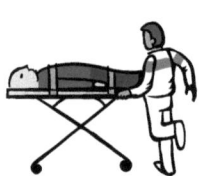

nødsituasjon

la emergencia

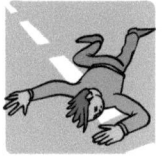

bevisstløs

inconsciente

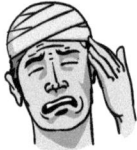

smerte

el dolor

skade

la lesión

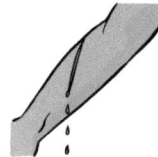

blødning

la hemorragia

hjerteinfarkt

el infarto

hjerneslag

el ACV

allergi

la alergia

hoste

la tos

feber

la fiebre

influensa

la gripe

diaré

la diarrea

hodepine

el dolor de cabeza

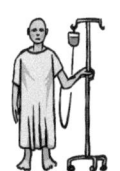

kreft

el cáncer

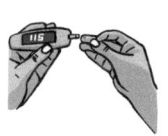

diabetes

la diabetes

kirurg

el cirujano

skalpell

el bisturí

operasjon

la operación

CT

la TC

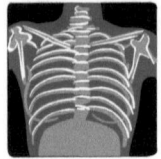

røntgen

los rayos x

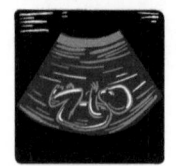

ultralyd

la ecografía

ansiktsmaske

el barbijo

sykdom

la enfermedad

venterom

la sala de espera

krykke

la muleta

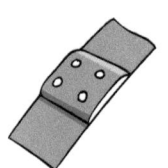

plaster

la curita

bandasje

la venda

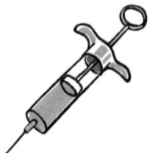

injeksjon

la inyección

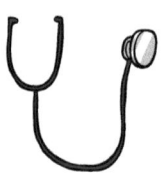

stetoskop

el estetoscopio

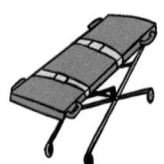

båre

la camilla

klinisk termometer

el termómetro

fødsel

el nacimiento

overvekt

el sobrepeso

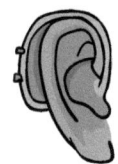

høreapparat
el audífono

desinfeksjonsmiddel
el desinfectante

infeksjon
la infección

virus
el virus

HIV/AIDS
el VIH / SIDA

medisin
el remedio

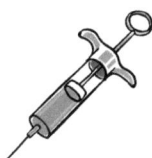

vaksinasjon
la vacunación

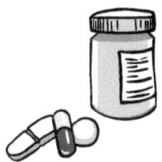

tabletter
los comprimidos

pille
la pastilla anticonceptiva

nødanrop
la llamada de emergencia

blodtrykksmåler
el tensiómetro

syk / frisk
enfermo / sano

Hjelp!

¡Ayuda!

alarm

la alarma

overfall

la agresión

angrep

el ataque

fare

el peligro

nødutgang

la salida de emergencia

Brann!

¡Fuego!

brannslukker

el matafuego

ulykke

el accidente

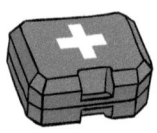

førstehjelpsskrin

el botiquín de primeros
auxilios

SOS

el SOS

politi

la policía

Europa

Europa

Nord-Amerika

América del Norte

Sør-Amerika

América del Sur

Afrika

África

Asia

Asia

Australia

Australia

Atlanterhavet

el Atlántico

Stillehavet

el Pacífico

Det indiske hav

el Océano Índico

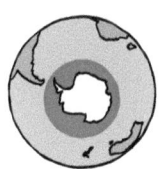

Sørishavet

el Océano Antártico

Nordishavet

el Océano Ártico

Nordpolen

el polo norte

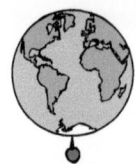

Sydpolen

el polo sur

Antarktis

la Antártida

jorden

la Tierra

land

la tierra

sjø

el mar

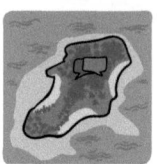

øy

la isla

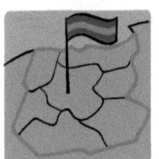

nasjon

la nación

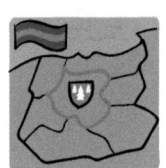

stat

el estado

urskive

la esfera

timeviser

la manecilla de las horas

minuttviser

el minutero

sekundviser

el segundero

Hva er klokken?

¿Qué hora es?

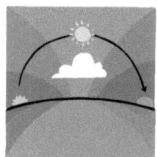

dag

el día

tid

la hora

nå

ahora

digitalklokke

el reloj digital

minutt

el minuto

time

la hora

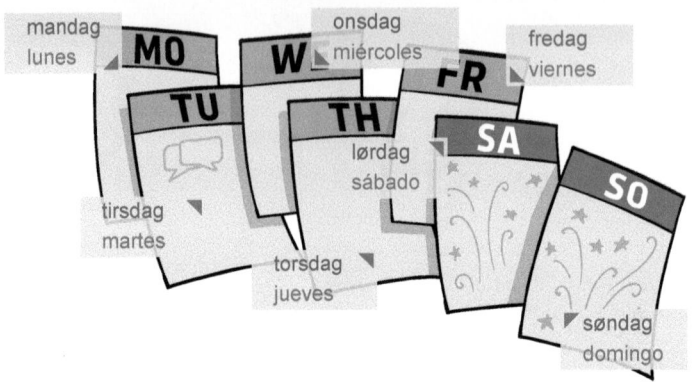

mandag
lunes — **MO**

TU

tirsdag
martes

onsdag
miércoles — **W**

TH

lørdag
sábado — **SA**

torsdag
jueves

fredag
viernes — **FR**

SO

søndag
domingo

i går
ayer

i dag
hoy

i morgen
mañana

morgen
la mañana

middag
el mediodía

kveld
la tarde

MO	TU	WE	TH	FR	SA	SU
1	2	3	4	5	6	7
8	9	10	11	12	13	14
15	16	17	18	19	20	21
22	23	24	25	26	27	28
29	30	31	1	2	3	4

arbeidsdag
los días hábiles

MO	TU	WE	TH	FR	SA	SU
1	2	3	4	5	6	7
8	9	10	11	12	13	14
15	16	17	18	19	20	21
22	23	24	25	26	27	28
29	30	31	1	2	3	4

helg
el fin de semana

år

el año

regn
la lluvia
regnbue
el arco iris
snø
la nieve
vind
el viento
vår
la primavera
høst
el otoño
sommer
el verano
vinter
el invierno

4.APRIL 11°
5.APRIL 4°
6.APRIL 13°
7.APRIL 8°
8.APRIL 10°

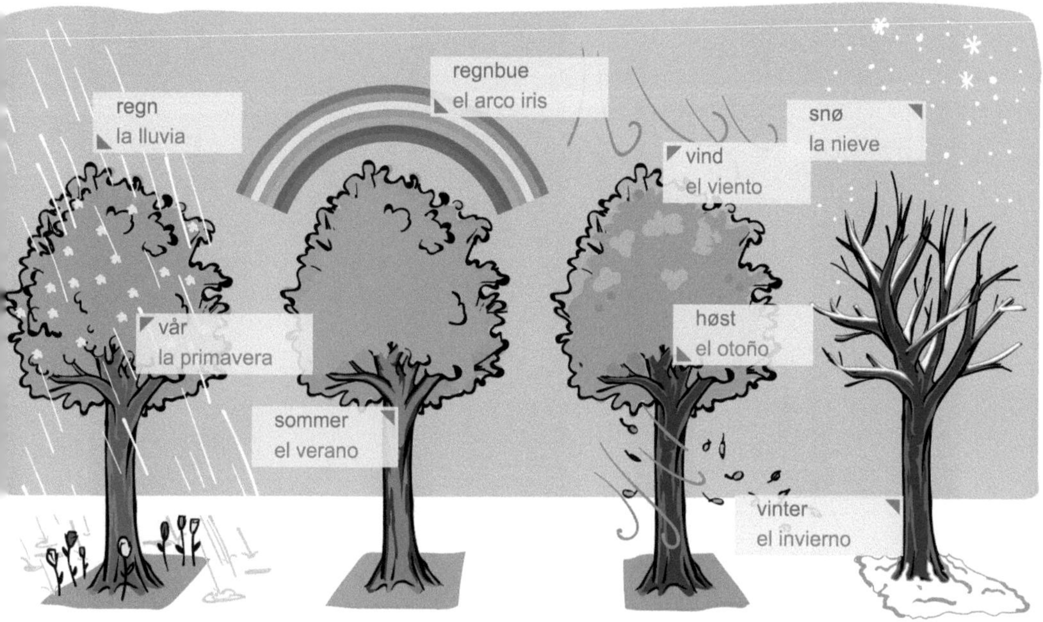

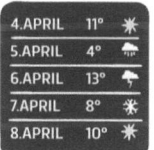

værmelding

el pronóstico meteorológico

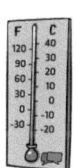

termometer

el termómetro

solskinn

la luz del sol

sky

la nube

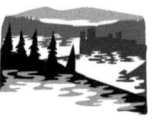

tåke

la niebla

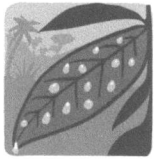

luftfuktighet

la humedad

lyn

el rayo

torden

el trueno

storm

la tormenta

hagl

el granizo

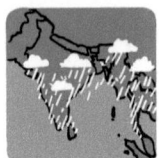

monsun

el monzón

oversvømmelse

la inundación

is

el hielo

januar

enero

februar

febrero

mars

marzo

april

abril

mai

mayo

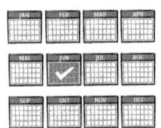

juni

junio

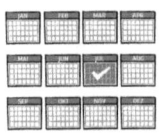

juli

julio

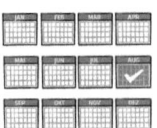

august

agosto

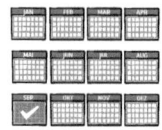

september
....
septiembre

oktober
....
octubre

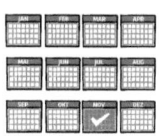

november
....
noviembre

desember
....
diciembre

sirkel
....
el círculo

kvadrat
....
el cuadrado

rektangel
....
el rectángulo

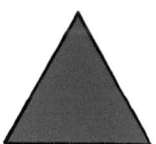

triangel
....
el triángulo

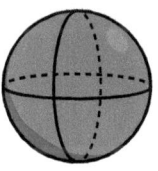

kule
....
la esfera

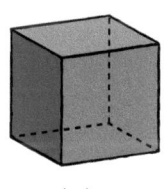

kube
....
el cubo

hvit

blanco

gul

amarillo

oransj

naranja

rosa

rosa

rød

rojo

lilla

violeta

blå

azul

grønn

verde

brun

marrón

grå

gris

svart

negro

mye / lite

mucho / poco

sint / rolig

enojado / tranquilo

pen / stygg

lindo / feo

start / slutt

el principio / el fin

stor / liten

grande / chico

lys / mørk

claro / oscuro

bror / søster

el hermano / la hermana

ren / skitten

limpio / sucio

fullstendig / ufullstendig

completo / incompleto

dag / natt

el día / la noche

død / levende

muerto / vivo

bred / smal

ancho / angosto

spiselig / uspiselig

comestible / no comestible

ond / snill

malo / amable

begeistret / lei

entusiasmado / aburrido

tykk / tynn

gordo / flaco

først / sist

primero / último

venn / fiende

el amigo / el enemigo

full / tom

lleno / vacío

hard / myk

duro / blando

tung / lett

pesado / liviano

sulten / tørst

el hambre / la sed

syk / frisk

enfermo / sano

ulovlig / lovlig

ilegal / legal

intelligent / dum

inteligente / estúpido

venstre / høyre

izquierda / derecha

nære / langt unna

cerca / lejos

ny / brukt

nuevo / usado

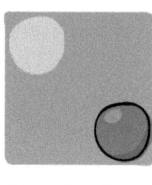

ingenting / noe

nada / algo

gammel / ung

viejo / joven

på / av

encendido / apagado

åpen / stengt

abierto / cerrado

lavt / høyt

silencioso / ruidoso

rik / fattig

rico / pobre

riktig / feil

correcto / incorrecto

ru / glatt

áspero / suave

trist / glad

triste / contento

kort / lang

corto / largo

langsom / rask

lento / rápido

vått / tørt

mojado / seco

varm / lunken

caliente / frío

krig / fred

guerra / paz

0

null

cero

1

en

uno

2

to

dos

3

tre

tres

4

fire

cuatro

5

fem

cinco

6

seks

seis

7

sju

siete

8

åtte

ocho

9

ni

nueve

10

ti

diez

11

elleve

once

12

tolv
doce

13

tretten
trece

14

fjorten
catorce

15

femten
quince

16

seksten
dieciséis

17

sytten
diecisiete

18

atten
dieciocho

19

nitten
diecinueve

20

tjue
veinte

100

hundre
cien

1.000

tusen
mil

1.000.000

million
el millón

engelsk

el inglés

amerikansk engelsk

el inglés americano

mandarin

el chino mandarín

hindi

el hindi

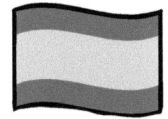

spansk

el español

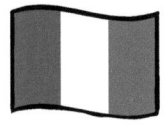

fransk

el francés

arabisk

el árabe

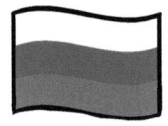

russisk

el ruso

portugisisk

el portugués

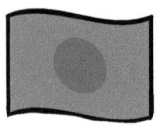

bengali

el bengalí

tysk

el alemán

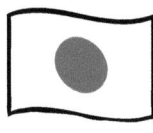

japansk

el japonés

jeg
yo

du
vos

han / hun / det
él / ella

vi
nosotros

dere
ustedes

de
ellos

hvem?
¿quién?

hva?
¿qué?

hvordan?
¿cómo?

hvor?
¿dónde?

når?
¿cuándo?

navn
el nombre

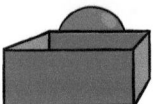

bakom
....
detrás

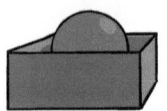

i
....
en

foran
....
adelante de

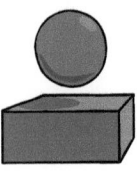

over
....
por encima de

på
....
sobre

under
....
debajo de

ved siden av
....
al lado de

mellom
....
entre

sted
....
el lugar